CONSEIL MUNICIPAL

DE

SAINT-BENOIT

SÉANCE

DU 23 NOVEMBRE 1890

CONSEIL MUNICIPAL DE SAINT-BENOIT

Séance du Dimanche 23 Novembre 1890

PRÉSIDENCE DE M. LOUIS BRUNET, MAIRE.

Présents : MM. Pierre Collet, Achille Poirié, Victor Brusac, Auguste Pignolet, Désiré Christophe, Albert Pitou, Edgard Pignolet, Eugène Grondin, Ernest Fulet, Ernest Sers, Eugène Damour, Arthur de Fondaumière. . . . .

Après la clôture de la séance, M. le Maire prie ses collègues de se réunir hors séance, pour recevoir des communications personnelles qu'il désire leur faire.

MM. les Conseillers municipaux ayant déféré au désir exprimé par M. Brunet, ce dernier leur expose ce qui suit :

A la date du 2 Octobre courant paraissait dans le journal *Le Réveil* un article où, sous forme d'adresse aux électeurs sénatoriaux, M. de La Serve formulait contre M. Brunet des imputations de nature à porter atteinte à sa considération et à son honneur. Il l'accusait notamment d'avoir manqué à des engagements d'honneur à l'occasion des élections sénatoriales. Bien que M. Brunet ne fût pas désigné par son nom dans cet article, il ne pouvait échapper ni à lui ni à personne que c'était lui que M. de La Serve prétendait viser. Au reste, M. de La Serve, en publiant cet article, ne faisait qu'exécuter un projet longtemps médité et caressé par lui et qui lui faisait écrire ceci, avant les élections, à M. Jacob de Cordemoy : « l'heure de la justice arrivera. » Interpellé sur la signification de cette phrase « l'heure de la justice.... » par lettre de M. Brunet écrite au mois de Juillet, M. de La Serve n'avait pas répondu.

Dès la publication de l'article du 2 Octobre, M. Brunet constitua des témoins, en même temps qu'il faisait publier au *Réveil* divers documents précédés d'une note explicative, et poussait la délicatesse jusqu'à faire communiquer par ses témoins à M. de La Serve ce qu'il devait publier. M. de La Serve refusa de rendre satisfaction à M. Brunet, le renvoyant à la fin de la polémique.

M. de La Serve profita de la communication ainsi faite par M. Brunet pour répondre dans le même journal (*Réveil* du 4 Octobre 1890). Il suffit de lire la réplique de M. de La Serve pour reconnaître qu'il continuait à s'oublier étrangement à l'égard d'un homme qu'il avait appelé son ami durant toute la période électorale alors que déjà il méditait son agression finale, attendant « l'heure de la justice. »

Nouvelle réponse de M. Brunet (*Réveil* du 5 et du 6 Octobre) où ce dernier se borne à indiquer des faits et à les prouver. Alors M. de La Serve fit publier dans le *Réveil* du 7 Octobre deux articles aussi grossiers en la forme qu'au fond.

On peut établir que le dessein prémédité de M. de Laserve remonte à plus de deux mois, c'est ce qui résulte de la lettre adressée à M. Jacob de Cordemoy, c'est ce qui résulte des conversations connues de tous, notoires, où M. de La Serve se vantait de devoir *tuer moralement et physiquement* l'homme dont il serrait la main et dont il sollicitait l'appui : appui qui ne lui a pas fait défaut, malgré tout et malgré l'alliance conclue par M. de La Serve avec le Crédit foncier en vue des élections sénatoriales, alliance définitivement constatée.

Ainsi provoqué, M. Brunet adressa à M. de La Serve, sous ce titre « *Ultima verba* » la réponse ci-après :

« M. de La Serve vient de lancer ses paroles ultimes. Après quoi il déclare close une polémique ouverte par lui-même.

« M. de La Serve outrage et ne donne pas la réparation que tout homme d'honneur doit à quiconque a été outragé par lui.

« M. de La Serve prend sa bonne plume, injurie les gens, et. après avoir attaqué, répliqué, encore répliqué, prononce la clôture des débats.

« J'en suis fâché pour M. de La Serve, mais moi je n'en ai pas fini avec lui.

« Je n'avais aucune preuve à fournir. Les hommes comme moi ne fournissent pas de preuves à l'appui de leur parole, j'en ai fourni cependant, et tellement victorieuses et tellement accablantes, que M. de La Serve est resté atterré. La lettre du Maire de la Plaine et la production de ma correspondance l'ont mis hors de garde.

« M. de La Serve n'a pas répondu. Que pouvait-il répondre devant l'évidence même.

« Vous, Monsieur de La Serve, quelles preuves aviez-vous produites à l'appui de vos divagations, de vos calomnies ?

« Aucune. Et vous ne pouviez, en effet, en produire aucune.

« Alors, après la calomnie, est venue l'injure. Car le dernier article de M. de La Serve est l'œuvre d'un homme frappé de démence, d'un fou furieux.

.·.

« Oui j'ai gardé copie de mes lettres, ou mieux j'en ai fait prendre copie, parceque déjà je sentais, au milieu des effusions de M. de La Serve, un parti pris de dénigrement, quelque combinaison tortueuse, je ne sais quoi qui me semble louche.

« Déjà il ne me pardonnait pas d'avoir eu l'audace de lui écrire que je considérais sa défaite comme certaine ; il ne me pardonnait pas parce que j'avais eu le courage de lui dire : « Faites tous les commentaires que vous voudrez autour de cette lettre. . . . . je considère qu'il est de mon devoir de vous parler ainsi, et je le fais. » (1)

« On voit que je n'ai pas eu tort de conserver la copie de mes lettres.

« J'ai aussi la correspondance de M. de La Serve. Veut-il que je l'imprime ? (2).

« C'est au moment où il recevait mes lettres que cet homme d'honneur, M. de La Serve, aurait dû protester et me dire « que faites-vous de votre serment ? Vous le violez. »

« Mais il est prudent et habile, M. de La Serve.

---

(1) Inutile de dire que M. de La Serve n'a pas plus répondu à cette lettre qu'aux autres.

(2) M. Brunet a exposé au Conseil qu'il ne se croyait pas autorisé à lui communiquer une correspondance privée, ajoutant que le procédé serait peu correct et peu délicat.

« Ah ! vous prétendez que j'ai pris un engagement d'honneur vis-à-vis de vous ?

« Ou ? Quand ? Comment ?

« Est-ce sous votre varangue, quand, en présence de mon frère et d'un autre, Milhet vivant, je vous ai dit, à vous qui me demandiez mon appui pour les élections sénatoriales : Oh ! La Serve !

« Est-ce chez M. J. L. dont vous invoquez le témoignage, et devant qui — ainsi que devant M. S. R. — je vous ai déclaré : « Ma voix, oui, celles de mes collègues, non. Je n'ai pas le droit d'engager mes collègues. »

« Donc tout ce que vous racontez est une pure hallucination de votre cerveau malade.

.˙.

« Mais ce qui n'est pas une hallucination, par exemple, c'est la lettre que vous m'avez écrite le 27 juillet, et dans laquelle vous me dites formellement que vous n'avez besoin de moi, ni pour Sainte-Rose, ni pour Bras-Panon.

« Ce qui ne vous a pas empêché de me supplier plus tard de me rendre à Sainte-Rose et d'y voir mes amis.

« Comment, M. de La Serve, vous, un prétendu républicain, voire un démocrate — vous voulez qu'un homme soucieux de la dignité des autres et de la sienne aille prendre des engagements électoraux pour ses amis ? Mais quel cas faites vous donc de vos compatriotes et en quel estime les tenez-vous ?

« Et vous avez le triste courage d'énoncer que vous et moi avons fait un marché en vue des élections législatives et sénatoriales ?

« Mais que ne me l'avez-vous rappelé lorsque je vous écrivais « ni vous ni moi ne nous serions prêtés à un pareil marché ? »

.˙.

« Voulez-vous me dire, M. de La Serve, à propos de quoi je vous dois de la reconnaissance ?

« Veuillez préciser.

« A défaut de reconnaissance, que je ne vous demande pas — à défaut de cœur, que vous n'avez pas — les convenances les plus vulgaires et le sentiment de votre propre digni:é vous faisaient un devoir de m'épargner vos calomnies, dont la honte est retombée tout entière sur votre tête.

.•.

« Reste l'entrevue Dolabaratz–La Serve.
« En vain vous défendez-vous, M. de La Serve ? En vain êtes vous allé en personne solliciter de M. Geslin la lettre qu'on a lue.
« Oui, vous avez eu une entrevue avec M. Dolabaratz, en vue des élections sénatoriales.
« Oui, j'ai le droit d'affirmer et de maintenir que c'est vous même, et non M. Geslin, qui avez provoqué cette entrevue.
« En voici la preuve, contre laquelle ne prévaudra pas la lettre de complaisance que vous avez sollicitée, vous qui parlez de certificat et de condamnation, que vous avez sollicitée et obtenue de votre ami.
« *Oui, mon cher M. Drouhet, je n'ai pas à mentir avec vous. « C'est la vérité vraie La Serve et Dolabaratz se sont donné rendez-vous chez moi en vue des élections sénatoriales.* »
« Cette lettre est signée de M. Geslin, je l'ai entre les mains.
« Ne cherchez plus à nier, M. de La Serve.
« Il y a eu entente entre M. Dolabaratz et vous.
« Et cependant vous m'aviez, à maintes reprises, déclaré, à moi et à d'autres, que M. Dolabaratz et vous étiez brouillés, qu'on ne se saluait pas, que malgré une recommandation toute puissante vous n'aviez pas pu obtenir même une place de gérant sur un établissement de deuxième ordre.
« Et l'entente cordiale se poursuivait et produisait son effet.
« Pendant ce temps un des miens, un très proche parent avait une violente querelle avec une personne bien informée qui affirmait la réalité de l'entrevue.... Ce parent donnait un démenti public à quiconque tenait un tel propos.... des paroles très vives étaient échangées, dont un duel a failli être le dénouement
« Non, tout cela est misérable, tout cela est indigne.
« Et la défense puérile de M. de La Serve consacre l'effondrement irrémédiable d'un homme en qui quelques-uns avaient cru reconnaître sinon un aigle de science, un paran-

gon d'intelligence et de savoir vivre, du moins un bon cito-
yen et un patriote.

« Maintenant c'est fini.

« Rentrez donc dans votre boîte aux lettres. Monsieur
Albert de La Serve.

« Rentrez-y avec le remords d'avoir trahi de vieilles
amitiés, d'avoir foulé aux pieds tout ce qu'on doit respecter,
et avec le sentiment de l'humiliante protection de certaines
gens.

« L'ami, le dépositaire de ma pensée, pour parler comme M. de La Serve, n'a pas pu me prêter le langage que re-
late M. de La Serve. Il n'a pas pu dire à M. de La Serve que
je lui conseillais de se tenir tranquille, de me laisser faire,
que les moyens etc. etc. Il n'a pas pu tenir ce propos, parce
que je ne le lui ai pas tenu. Tous ceux qui me connaissent,
et ils sont nombreux dans ce pays, savent que j'ai pour ha-
bitude de dire hautement ma pensée et d'agir à visage dé-
couvert.

« Mais en revanche cet ami, ce dépositaire de ma pensée, qui est en même temps mon médecin ne vous avait pas
dissimulé que vous étiez sur le point de commettre une
mauvaise action à un double point de vue.

« Vous n'avez tenu compte de rien. Votre amour-propre
était en jeu. Il fallait que quelqu'un fût votre victime. Vous
aimez les victimes. Alors vous m'avez choisi.

« Que parlez-vous aujourd'hui de différer notre rencontre jusqu'à mon rétablissement ? Que venez-vous faire mon-
tre d'une prétendue générosité, après avoir cherché à m'assassiner à coups de plumes et à coups d'émotions nerveu-
ses, moi malade et vibrant.

« Mes témoins n'ont parlé de ma maladie que pour dé-
montrer la nécessité d'en finir au plus vite. Mais vous n'é-
tiez pas homme à tenir compte d'un pareil avertissement :
au contraire.

« Vous avez essayé de m'assassiner, comptant bien qu'il
me serait impossible de vous répondre d'une façon quel-
conque.

« Vous n'avez réussi qu'à consommer votre suicide.
Vous vous êtes tué dans l'esprit de vos compatriotes.

« Je vous ai fait provoquer, vous avez cherché à vous
dérober, vous n'avez pas voulu me rendre raison. Rassurez

votre conscience qui facilement s'alarme : je suis tout à fait en état de me mesurer avec vous. Peut être penserezvous qu'il est temps encore d'essayer de prendre votre revanche de votre échec devant les électeurs, de votre échec devant l'opinion. ?

« Je vous attends »

« LOUIS BRUNET. »

En suite de cet article, M. de La Serve envoya ses témoins à M. Brunet.

Les témoins de M. L. Brunet acceptèrent, sans discussion, tant ce dernier avait hâte de régler cette affaire, la proposition des témoins de M. de La Serve, contraire aux lois du duel, que les armes seraient chargées par les parties elles-mêmes.

On alla sur le terrain, mais la rencontre ne put avoir lieu à cause de l'intervention des agents de la force publique.

Elle fut ajournée.

Le jour où devaient reprendre les conférences pour la fixation du duel, les témoins de M. de La Serve demandèrent la constitution d'un jury d'honneur pour se prononcer sur l'état de santé de M. Brunet. Cette proposition fut repoussée par les témoins de M. Brunet, qui demandèrent la rencontre immédiate.

Les témoins de M. de La serve se retirèrent sans en donner avis à ceux de M. Brunet.

Le lendemain M. de La Serve écrivit à M. Brunet pour lui faire savoir qu'il constituait deux autres témoins. M. Brunet s'étonna que M. de La Serve lui écrivît, et en effet M. de La Serve reconnut, dans une lettre ultérieure adressée aux témoins de M. Brunet, que cette démarche était insolite.

Les nouveaux témoins de M. de La Serve demandèrent, avant toute rencontre, la production d'un certificat de médecin constatant que M. Brunet était en état de se mesurer avec M. de La Serve. Les témoins de M. Brunet repoussèrent cette prétention, insolite aussi.

Les procès-verbaux parurent dans le N° du Réveil du 19 20 Octobre. Le même journal qui contient les procès-verbaux publiait une lettre de M. de La Serve à ses témoins, bien faite pour tout remettre en cause. Dans cette lettre qui allait à l'encontre des procès-verbaux, M de La Serve félicitait M. Louis Brunet sur *sa sagesse et son esprit de renoncement*. Toute la lettre est dans le même goût, insultante plus encore pour les témoins de M. de La Serve, à qui elle inflige un démenti, que pour M. Brunet.

M. Brunet répliqua dans le N° du *Réveil* 22 Octobre, par la lettre ci-après :

« Saint Benoit, le 19 Octobre 1890.

« A MM. Jules Loupy et Sylvain Robert,

Conseillers Généraux. Saint-Denis.

« Mes chers amis,

« Il résulte des documents publiés par vous que M. de La Serve, en présence de la réparation par les armes que vous lui avez portée en mon nom,

« 1° A répondu d'aller devant les Tribunaux.

« 2° A dit d'attendre la fin de la polémique, ce que vous avez considéré comme une fin de non recevoir.

« 3° A demandé un certificat de médecin pour constater que je pouvais m'aligner avec lui.

« Entre temps, et après avoir été sur le terrain, les témoins de M. de La Serve demandaient la constitution d'un Jury d'honneur.

« Il en résulte encore que, jusqu'à la dernière heure, vous vous êtes tenus à la disposition de M. de La Serve, malgré ses tergiversations, malgré la retraite de ses témoins premiers.

« Il en résulte enfin que les derniers témoins de M. de La Serve, sur votre refus de satisfaire à cette prétention exorbitante, la production d'un certificat de médecin, se sont retirés.

« Là dessus M. de La Serve embouche la trompette et monte au Capitole.

* *
*

« C'est peut-être moi qui ai demandé les tribunaux, dit d'attendre la fin de la polémique, parlé de jury d'honneur, et, en fin de compte, réclamé un certificat de médecin ?

« Très fort ce certificat. Il fallait se préoccuper de ma santé avant de m'outrager.

« Que pourra désormais inventer, dans une affaire d'honneur, ce foudre de guerre ? Quels certificats va-t-il demander à ses adversaires ?

« Vrai ! rien ne fait plus pitié que ces pourfendeurs de petits enfants, qui s'attribuent héroïquement le monopole du courage, dans un pays où tout le monde est brave.

« Dites-lui donc, s'il vous arrive jamais de lui adresser la parole, dites à M. de La Serve, qu'il ne pourfendra personne.

« Dites-lui que j'ai tenu à faire le service du Jury, aux assises et à siéger au Conseil Général, pendant toute cette période, pour bien affirmer que je ne suis pas si malade que cela.

« Dites-lui que c'est vous qui n'avez pas voulu que je prisse l'épée, arme choisie par moi.

« Dites-lui qu'il a mauvaise grâce à écrire qu'on lui interdit d'écrire, lui qui m'a attaqué de sa plume la plus perfide et qui a épanché sa bile sur moi en cinq articles.

« M. de La Serve, n'écrit plus dans le journal : mais il adresse à ses témoins des lettres qu'on met dans le journal.

« Décidément cet homme est habile dans l'art de contourner les difficultés, de torturer les textes et de se décerner à lui-même des brevets de Croquemitaine.

« M. de La Serve prétend qu'il lui est défendu d'écrire ?

« Eh ! Pour Dieu ! qu'il lâche donc son rond de cuir, qu'il aille demander asile et protection à ses nouveaux amis.

« Le Crédit foncier recueillera cette épave…. maintenant.

A vous, mes chers amis.

LOUIS BRUNET »

M. de La Serve envoie deux nouveaux témoins (MM. Bonamour et Bédier) demander réparation *aux témoins de M. Brunet ;* Ceux-ci déclarent que si l'on vient pour la rencontre réclamée par M. Brunet, ce dernier est prêt, que M. Brunet n'a fait que répondre aux injures de M. de La Serve, que si l'on prétend qu'il s'agit d'une nouvelle affaire, il y a lieu de référer à M. Brunet personnellement (procès-verbal du 23 Octobre.

Mis en présence des témoins de M. de La Serve, M. Brunet constitua les siens qui protestèrent énergiquement contre la prétention de transformer l'offensé en agresseur, ils dirent qu'il s'agissait de la même affaire puisqu'aussi bien c'était aux premiers témoins de M. Brunet que l'on s'était d'abord adressé. Il terminèrent en répétant que M. Brunet était prêt à la rencontre et que dès lors il y avait lieu de prendre jour et heure. Les témoins de M de La Serve firent la déclaration « que leur mandat n'allait pas jusquelà et qu'ils refusaient la rencontre proposée par M. Brunet » (procès-verbal du 23 Octobre)

Dans l'après-midi ils demandèrent la constitution d'un Jury d'honneur pour juger quel était l'offensé dans ce qu'ils appelaient la 2ᵐᵉ affaire.

Refus des témoins de M. Brunet qui dirent qu'ils n'accepteraient un tribunal arbitral qu'autant que toute l'affaire serait l'objet de l'examen et des délibérations de ce tribunal.

Après avoir repoussé cette résolution les témoins de M. de La Serve y souscrivirent.

A la date du 4 Novembre 1890 le tribunal arbitral déclare que « n'ayant pu se mettre d'accord sur le caractère et l'étendue de la mission qui leur est donnée, les soussignés déclarent ne pouvoir se prononcer sur le différend dont il s'agit. »

Le lendemain 5 Novembre, à 6 heures du matin M, Brunet se trouvait à la gare, lisant un journal, lorsqu'il fut frappé à l'improviste et par surprise par M. de La Serve.

Il fit immédiatement appeler M. de La Serve sur le terrain. Ici il faut se contenter de mettre les pièces sous les yeux du lecteur, car elles ont leur éloquence.

Procès-verbal du 5 Novembre 1890.

« L'an mil huit cent quatre vingt-dix, le mercredi 5 Novembre à deux heures de relevée.

« Entre MM. Bonamour et Bédier témoins de M. de La Serve.

« Et MM. Pignolet et Loupy témoins de M. L. Brunet.

« Il a été dit et convenu ce qui suit :

« Les témoins de M. Brunet font les déclarations suivantes en son nom.

« M. A. de La Serve, après avoir refusé à M. Brunet satisfaction par les armes, s'est livré sur sa personne à des voies de fait, par surprise et avec préméditation.

« M. Brunet lui a demandé alors réparation de cette nouvelle injure, que nous n'hésitons pas à qualifier très sévèrement comme c'est notre droit, après surtout la demande d'un certificat de médecin, faite par M. de La Serve, dans une précédente et récente affaire, à M. Brunet qu'il disait malade.

« Dans ces conditions, et en présence des faits et circonstance, qui entourent tant cette nouvelle affaire, que celle précédente, nous entendons laisser à M. de La Serve, toute la responsabilité de la rencontre nécessaire ce que ses témoins acceptent.

« Il est en outre convenu qu'une rencontre aura lieu ce jour à cinq heures du soir, que l'arme choisie est le pistolet de combat, et que les adversaires devront s'échanger simultanément deux balles à dix pas.

« Il est entendu que les adversaires ne devront tirer qu'au trosième claquement de main.

« A l'instant MM. Bonamour et Bédier, déclarent ne pas accepter les appréciations contenues au procès-verbal ci-dessous.

Signé : CLAUDE LOUPY, JOSEPH PIGNOLET. »

« Requis de signer, avec invitation de faire toutes les réserves qu'ils voudraient, les témoins de M. de La Serve s'y sont refusés et se sont retirés.

Signé : CLAUDE LOUPY, J. PIGNOLET. »

Procès-verbal du 6 Novembre 1890)

« Le six Novembre 1890, à deux heures de relevée.

« MM. Joseph Pignolet de Fresnes et Claude Loupy, chargés de représenter M. Louis Brunet, dans la demande en réparation par les armes adressée par ce dernier à M. de La Serve.

« Et M. M Bonamour et Bédier, témoins de M. de La Servo.

« Exposent d'abord ce qui suit :

« Hier matin à six heures, a la gare de Saint-Denis, M. Brunet a été l'objet d'une agression par voie de fait de la part de M. de La Serve.

« Provoqué par M. Brunet à sept heures du matin, M. de La Serve mettait ses témoins à 1 heure 1/2 de l'après midi en présence de ceux de M. Brunet.

« A quatre heures de l'après-midi les représentants des deux parties se séparaient sans avoir pu s'entendre sur les termes du procès-verbal de rencontre.

« En effet MM. Pignolet et Loupy, au nom de M. Brunet, avaient entendu caractériser l'agression dont M. Brunet avait été victime et les circonstances qui l'avaient entourée et dans lesquelles elle s'était produite, de même que consigner dans ce procès-verbal certains faits et appréciations que les témoins de M. de La Serve considéraient comme étrangers à leur mission et contre lesquels ils protestaient.

« Les témoins de M. de La Serve, en reconnaissant toute la responsabilité de leur client, se refusaient complètement à laisser les témoins de M. Brunet produire leurs allégations, même sous les réserves et protestations que ceux-ci leur offraient de leur laisser faire.

« Dans cette situation MM. Pignolet et Loupy se sont de nouveau présentés ce matin chez les témoins de M. de La Serve et ont dit :

« Que du moment que la rencontre, jugée nécessaire, n'est arrêtée que par le refus opposé à une prétention, qu'ils persistent à croire légitime, ils veulent bien ne pas faire figurer au procès-verbal la relation de faits et appréciations qu'ils estiment d'ailleurs suffisamment connus, relation qui seule avait empêché les témoins de M. de La Serve de signer le précédent procès-verbal.

« En conséquence une rencontre aura lieu ce jour, à cinq heures, sur les confins de Sainte-Marie.

« L'arme choisie est le pistolet de combat.

« Les adversaires devant s'échanger simultanément deux balles, à dix pas, au troisième claquement de mains.

⁎

« Après avoir coopéré à la rédaction de ce qui précède, tout bien convenu et arrêté, les témoins de M. de La Serve ont dit qu'ils ne pouvaient prendre d'engagement au nom de leur client, que l'affaire avait changé de face, M. de La Serve étant recherché par le Parquet, et qu'ils attendaient pour prendre une décision à son égard, de connaître dans quelle situation ils allaient désormais trouver.

« Ce à quoi MM. Pignolet et Loupy ont répondu que M. Brunet n'avait porté aucune plainte ni au Parquet ni à l'Administration de l'Intérieur, qu'il avait poussé la réserve jusqu'à se retirer chez un ami, pour éviter toute communication au sujet de l'affaire pendante; que l'action de la justice ne pouvait empêcher, puisque les parties étaient en liberté, la rencontre arrêtée depuis la veille, qu'en tous cas on pouvait renvoyer la rencontre au lendemain ; qu'ils avaient pour mission de faire toutes les concessions pour amener cette rencontre, et qu'avant tout M. de La Serve devait se tenir à la disposition de M. Brunet.

« Les témoins de M. de La Serve ont persisté dans leur dire et se sont retirés.

⁎

» Et MM. Pignolet et Loupy ont signé seuls le présent procès-verbal, qu'ils affirment avoir été rédigé, quant à la première partie, avec la coopération des témoins de M. de La Serve et être d'un bout à l'autre conforme à la réalité des faits.

« Signé : Claude Loupy, J. Pignolet de Fresnes.

« A cinq heures du soir les témoins de M. Brunet ont porté à la signature des témoins de M. de La Serve le présent procès-verbal. MM. Bonamour et Bédier ont déclaré que quoique ayant accepté les clauses et conditions du présent procés-verbal, ils refusent de le signer parce qu'ils considèrent que leur mandat cesse en raison des injonctions formelles du Parquet.

Approuvé : A. BONAMOUR,

Approuvé : ARTHUR BÉDIER.

« 3ᵉ *Déclaration de M. Bédier*.

« Sur la demande de M. Pignolet.

« M. Bédier déclare qu'il s'est rencontré hier au soir à 5 heures avec les témoins de M. Brunet, c'est-à-dire après que M. de La Serve était revenu du Parquet, et qu'il leur a donné connaissance des injonctions qui avaient été faites à leur client par le Procureur de la République et des poursuites dont il était l'objet. Ces injonctions prescrivaient à M. de La Serve de ne faire la moindre tentative de rencontre avec M. Brunet, sous peine d'être incarcéré sur l'heure par tout agent de la force publique qui constaterait la chose.. Il a de plus ajouté, d'accord avec son second M. Bonamour, qu'il jugeait que cette situation était de nature à retarder la rencontre projetée.

« Les témoins de M. Brunet lui ont répondu qu'injonction semblable avait été faite à leur client, mais que malgré les retards possibles pour la solution de l'affaire, M. Brunet était toujours prêt pour la rencontre avec M. de La Serve.

« Les témoins de M. de La Serve ont dit qu'il était libre à leur client de se tenir toujours à la disposition de M. Brunet mais que quant à eux personnellement ils entendaient cesser leur mission au moment qu'ils étaient avisés des injonctions de la justice tant à l'égard des clients qu'à celui des témoins.

« C'est le seul rapport que je reconnais avoir fait à M. de La Serve.

« Je déclare en outre avoir signé la déclaration inscrite à la suite du procès-verbal du 6 novembre après avoir pris connaissance et accepté la teneur.

Signé : ARTHUR BÉDIER. »

Après la retraite des témoins de M. de La Serve, ceux de M. Brunet attendirent 24 heures et se présentèrent ensuite chez M. de La Serve pour sommer ce dernier de se rencontrer avec M. Brunet.

M. de La Serve demanda à consulter ses amis, et, le lendemain, il écrivait aux témoins de M. Brunet la lettre ci-après :

Messieurs J. Pignolet et Claude Loupy,
Saint-Denis,

Messieurs,

J'aurais voulu vous adresser en même temps que la présente l'avis motivé et signé des personnes compétentes sur les questions d'affaire d'honneur, dont l'honorabilité est l'indépendance sont hors de conteste et que j'ai du consulter au sujet de la provocation que vous m'avez apportée le 10 courant de la part de M. L. Brunet. Ce document n'a pu être signé aujourd'hui par tous ceux qui en ont arrêté la rédaction, ne vous sera remis que demain.

Mais, dès aujourd'hui, je puis vous dire qu'il résulte de l'opinion formelle des personnes consultées que je n'ai à me mettre à la disposition de M. Brunet qu'après l'issue des poursuites dont je suis l'objet en police correctionnelle. Ainsi, dès qu'il sera certain qu'en allant sur le terrain ce sera mon adversaire que j'y rencontrerai et non un agent de police prêt à me conduire en prison, sans procès je me mettrai entièrement à la disposition de M. Brunet. Son jour, son heure, ses conditions seront les miennes.

Demain dans la matinée je vous ferai tenir la pièce dont je vous ai parlé ci-dessus.

Je vous salue,

Signé : A. DE LA SERVE. «

Or M. Brunet n'avait pas porté plainte contre Monsieur de La Serve et son droit à une réparation immédiate restait entier.

M. de La Serve argue encore de ce fait que M. Brunet aurait laissé passé le délai de 24 heures alors que cependant le règlement de l'affaire n'aurait été entravé que par la retraite de témoins de M. de La Serve.

On le voit, les tergiversations se continuaient. Pour y mettre un terme M. Brunet se décida à sommer M. de La Serve par lettre chargée, de se rencontrer avec lui, sur un point désigné par lui, afin de donner suite au procès-verbal de rencontre arrêté.

Voici en quels termes fut faite cette sommation :

« Saint-Benoit, le 13 novembre 1890,

A M. Albert de La Serve Receveur-comptable des Postes,
Saint-Denis,

« Mes témoins me communiquent la lettre à eux écrite par M. A. de La Serve, et par laquelle ce dernier leur fait connaître qu'il sera à mes ordres après son procès.

« En instance ? en Cour ? en Cassation ?

« Je n'ai pas porté plainte contre M. de La Serve !

« M. de La Serve s'est livré, par surprise et guet-apens à une voie de fait contre moi.

« Une rencontre a été arrêtée, entre les témoins de M. de La Serve et les miens.

« Après la rencontre arrêtée, les témoins de M. de La Serve ont déclaré renoncer à leur mandat.

« Mes témoins n'ont pas été porter à M. de La Serve une nouvelle provocation le 10, mais simplement lui demander quand il comptait constituer ses témoins et aussi lui assigner le lieu, le jour et l'heure de la rencontre·

« Si des amis de M. de La Serve lui disent qu'il *doit attendre la fin du procès* qui lui est fait d'office, mes amis à moi, aussi compétents que les siens, et les lois de l'honneur établissent que M. de La Serve doit être à mes ordres. Je nedois ni ne puis atendre le bon plaisir de M. de La Serve et me soumettre à ses combinaisons et à ses préparations.

« Je fais savoir à M. de La Serve que je l'attendrai *dimanche 16 courant, a six heures du matin, avec mes témoins sur la plate-forme de la Paix, Commune de Bras-Panon.*

« Qu'il vienne donc en se faisant accompagner de ses amis. Parti de Saint-Denis pendant la nuit, M. de La Serve n'a pas à redouter d'être arrêté pas plus que moi Ses amis et lui n'ont qu'à observer la discrétion que j'impose à mes amis et à moi.

LOUIS BRUNET. »

A cette lettre M. de La Serve répondit à peu près dans les mêmes termes que ceux employés par lui dans sa lettre à M. M. Pignolet et Loupy. Il prie M. Brunet de ne plus lui envoyer des témoins, promettant d'aboucher les siens avec ceux de M. Brunet. Après le procès correctionel qui lui était fait par le Parquet, ajoutant qu'à ce moment il se mettrait complètement aux ordres de M. Brunet.

En présence du refus formel persistant que lui opposait M. de La Serve, M. Brunet lui écrivit.

« A Monsieur Albert de La Serve

Receveur-comptable des Postes,

Saint-Denis,

« Il ne saurait convenir ni à M. de La Serve ni à moi de continuer cette correspondance.

« Mais je tiens à rectifier les faits. Et je rectifie.

« 1° Je connais trop les personnes dont M. de La Serve cite les noms pour ne pas affirmer qu'aucune d'elles n'eût donné à M. de La Serve la consultation dont copie m'a été adressée (copie que je renvoie ce jour) si les faits leur avaient été exposés comme ils se sont passés et pièces à l'appui.

Il est évident en effet que ces messieurs ignorent que mes témoins, dès le lendemain matin, bien moins de 24 heures après la constitution des témoins de M. de La Serve avaient décliné toute prétention à établir la responsabilité et s'étaient offerts à toutes les concessions, pourvu que la rencontre eût lieu.

« Il est encore évident que ces messieurs n'ont pas eu connaissance du procès-verbal où les conditions du duel sont arrêtées, procès-verbal signé des quatre témoins etcorroboré ensuite par la déclaration Bédier.

« Il est évident enfin que ces messieurs sont persuadés que le 10 je faisais porter une provocation nouvelle à M. de La Serve, alors que j'envoyais demander à M. de La Serve s'il avait remplacé ses témoins démissionnaires et l'inviter à se trouver sur le terrain. — On comprend que, renseignés de cette façon, des hommes fort honorables aient pu fournir une consultation *non contradictoire*, derrière laquelle s'abrite mon adversaire.

« 2° M. de La Serve n'a pas eu à m'attendre. C'est moi qui l'ai attendu depuis le commencement d'Octobre jusqu'au lendemain d'*Ultima Verba*,

« 3° Après ma lettre à mes témoins, M. de La Serve qui m'attendait, dit-il, a été invité par moi à fixer jour, heure, lieu....... Les témoins de M. de La Lerve ont dit *n'avoir pas mandat et repousser la rencontre proposée par M. Brunet*. (Procès-verbal du 22 Octobre) Alors, que voulait-on ?

« Quand à la préméditation, au guet-apens, l'attitude de M. de La Serve m'autorise à l'établir devant qui de droit.

« Ce sera fait.

« Cette attitude, la voici nettement établie :

« M. de La Serve a frappé et refuse réparation.

« M. de La Serve ajourne son adversaire à une époque ultérieure, après un procès qui n'a pas été provoqué par son adversaire. Ceci est contraire aux lois de l'honneur.

« M. de La Serve a été invité, sommé par moi, à se trouver Dimanche 16 courant à 6 heures du matin, sur un point indiqué par moi, avec des précautions défiant toute ingérence de la Police (1) — le tout en prenant pour base le procès-verbal de rencontre. M. de La Serve a décliné mon invitation, a refusé de répondre à ma sommation.

« Que M. de La Serve rentre en lui-même, qu'il s'isole de sa propre pensée, qu'il se détache de sa propre cause et qu'il juge l'attitude de M. de La Serve.

Signé : Louis BRUNET »

---

(1) La Paix est desservie par la police de Saint-Benoît. M. Brunet en donnant rendez-vous sur ce point à M. de La Serve, n'hésitait pas à compromettre gravement sa situation de Maire de Saint-Benoît.

Tels sont les faits dans leur simplicité.

M. Brunet dit qu'il avait le devoir de le faire connaître à ses collégues, à ses pairs, à ses amis, à ceux qui l'ont toujours suivi dans sa carrière politique & dans sa vie privée, qui l'ont vu à l'œuvre pendant les élections sénatoriales et dont la conscience a déjà fait bonne justice des calomnies de M. Albert de La Serve.

C'est la première fois qu'on voit un homme politique, un prétendu républicain, un prétendu démocrate énoncer qu'il ne comptait pour son élection que sur les suffrages que d'autres pouvaient lui procurer. Un tel aveu est plus que modeste.

C'est la première fois qu'on voit proclamer, avec tant de Cynisme, un prétendu marché.

Mis cependant en demeure par M. Brunet de faire connaître quel marché avait été conclu (Lettre en date du *30 juillet 90* publié dans le *Réveil* du *1r 8bre n°837* M. de La Serve s'est bien gardé de répondre c'était pendant la période électorale. Il fallait ménager M. Brunet et ses amis.

M. de La Serve a laissé croire à M. Brunet, pour avoir son suffrage, qu'il signalerait au Sénat les agissements du Crédit Foncier. Et cependant il avait conclu un pacte avec cette société.

M. de La Serve a accusé M. Brunet de n'avoir pas voté pour lui : et cependant il savait le contraire et il savait que les parents de M. Brunet et quelques uns de ses amis lui avaient donné leur voix.

M. Brunet se considérait comme engagé à ne pas poser sa candidature au Sénat. Il a fait plus que cela. Il a voté pour la liste des délégués sénatoriaux favorables à M. de La Serve. Il a voté pour M. de La Serve. Que voulait de plus ce dernier ?

Tout le monde, et M. de La Serve le premier, sait quelle attitude correcte a conservée M. Brunet pendant toute la période électorale.

Mais ce que n'a pu lui pardonner M. de La Serve c'est d'être resté l'ami de M. Drouhet, concurrent heureux de M. de La Serve et de n'avoir pas employé pour combattre M. Drouhet des moyens électoraux qui répugnent à tout honnête homme.

Ce qu'il n'a pu lui pardonner c'est de lui avoir dit,

devant M. M. Jules Loupy et Sylvain Robert, dans le Cabinet M. Jules Loupy : « Je puis vous promettre ma voix ç mais non celle de mes Collègues. Je n'ai pas le droit « d'engager mes Collègues. »

M. de La Serve n'a pu pardnner encore à M. Brunet de l'avoir sommé de se démasquer, en ce qui concerne ses compromissions avec le Crédit foncier et de lui avoir écrit : « Je vous parle du Crédit Foncier : Croyez-vous que j'hésiterais, si j'avais pris un engagement téméraire à résigner mes doubles fonctions plutôt que d'émettre un vote contraire à l'intérêt de mon pays et à celui de la Commune que j'administre. » Lettre demeurée sans réponse.

M. de La Serve sentait que l'heure des explications était arrivé e: Il a préféré prendre les devants, attaquer.... calomnier.

Il a trouvé commode ainsi de refuser pendant près de deux mois, sous divers prétextes, de donner satisfaction à un adversaire qu'il espérait bien tuer autrement. C'était moins dangereux.

M. Brunet termine cet exposé en disant qu'il tient à la disposition de ses collègues toutes les pièces concernant cette affaire et il fait le dépôt de ses pièces.

Les Membres du Conseil Municipal de Saint-Benoit après avoir pris connaissance de tous les documents reconnaissant hautement la correction de l'attitude de M. Brunet, dans toute la période électorale et après les élections, lui adressent à l'umanimité leurs félicitations et décident que o le présent procès verbal sera imprimé.

Pour copie conforme :

L. BRUNET

NOTE COMPLÉMENTAIRE.

Voici les documents qui terminent cette affaire.

Saint-Benoit 7 Décembre 1890

A Monsieur Albert de La Serve, Receveur Comptable des postes Saint-Denis.

Lorsque je vous ai fait provoquer, lorsqu'à plusieurs reprises je vous ai sommé de vous rencontrer avec moi, vous m'avez répondu en me priant de ne plus envoyer mes témoins et en me disant qu'après votre procès vous m'aboucheriez avec vos amis.

Le procès est terminé. J'attends depuis vendredi. J'attends encore.

J'ai l'honneur d'être tout à vos ordres

Louis BRUNET

P. S.—M. de La Serve pourrait faire tenir sa réponse à M. Jules Loupy, pour arrêter cette correspondance, qui n'a aucune raison d'être.

J'ai le désir de terminer cette affaire au plus tôt, car je dois m'absenter.

La rencontre aura lieu hors Saint-Denis. J'avise M. Loupy que la réponse de M. de La Serve lui sera adressée.

Saint-Denis, le 11 Décembre 1890

A Monsieur Louis Brunet, Saint-Benoit

Mon cher Louis,

Vous avez rappelé à M. de La Serve sa déclaration écrite qu'il se tiendrait, après son procès entièrement à vos ordres pour les lieu, jour et heure de la rencontre arrêtée entre vous ; et M. de La Serve nous a mis en rapport avec ses témoins Messieurs Athénas et Altenier.

Nous en rapportant au procès-verbal du 5 Novembre dernier qui règle les conditions du duel, nous avons demandé à ces messieurs dans une entrevue que nous avons eue avec eux hier, de s'entendre avec nous sur les lieu, jour et heure de la rencontre.

Les témoins de M. de La Serve se sont alors livrés à des considérations tellement étrangères à l'objet de notre mission que nous les avons considérées comme une nouvelle fin de non recevoir, M. de La Serve ne voulant pas se battre.

Nous regardons donc notre mission comme terminée, et nous estimons que toute nouvelle démarche auprès de M. de La Serve serait inutile.

Recevez etc.

Signé : CLAUDE LOUPY, JOSEPH PIGNOLET

A MM. Claude Loupy et Joseph Pignolet de Fresne.

Mes chers amis,

Je me range absolument à votre opinion.
Merci de votre concours dévoué.

A vous,

LOUIS BRUNET.

www.ingramcontent.com/pod-product-compliance
Lightning Source LLC
Chambersburg PA
CBHW061606050726
47595CB00007B/2813